ADVIENTO *con el* PAPA FRANCISCO

ADVIENTO *con el* PAPA FRANCISCO

REFLEXIONES Y ORACIONES PARA CADA DÍA

Editado por

Marianne Lorraine Trouvé, FSP

Paulinas

Boston

Library of Congress Cataloging-in-Publication Data

Names: Francis, Pope, 1936- author. | Trouvé, Marianne Lorraine, editor.
Title: Adviento con el Papa Francisco : reflexiones y oraciones para cada día / editado por Marianne Lorraine Trouvé, FSP.
Description: Boston : Pauline Books and Media, 2017.
Identifiers: LCCN 2017009135| ISBN 9780819808523 (pbk.) | ISBN 0819808520 (pbk.)
Subjects: LCSH: Advent--Prayers and devotions. | Catholic Church--Prayers and devotions.
Classification: LCC BX2170.A4 F7313 2017 | DDC 242/.332--dc23
LC record available at https://lccn.loc.gov/2017009135

Publicado por Pauline Books & Media, 50 Saint Paul's Avenue, Boston, MA 02130-3491. www.pauline.org

Impreso en México.

Pauline Books & Media es la casa editorial de las Hijas de San Pablo, una congregación internacional de religiosas que sirven a la Iglesia con los medios de la comunicación social.

1 2 3 4 5 6 7 8 9   21 20 19 18 17

Índice

1ª SEMANA

Camino de alegría

Nuestro camino al encuentro con Jesús

Al final de los tiempos
estará firme el monte
de la casa del Señor,
sobresaliendo entre los montes,
encumbrado sobre las montañas.
Hacia él confluirán las naciones,
caminarán pueblos numerosos.
Dirán: Vengan, subamos
al monte del Señor,
a la casa del Dios de Jacob:
él nos instruirá en sus caminos
y marcharemos por sus sendas. . .

Isaías 2:2–3

El profeta Isaías nos habla de un camino, y dice que al final de los días, al final del camino, el monte del Templo del Señor estará firme en la cima de los montes. Y esto, para decirnos que nuestra vida es un camino:

debemos ir por este camino, para llegar al monte del Señor, al encuentro con Jesús. La cosa más importante que le puede suceder a una persona es encontrar a Jesús: este encuentro con Jesús que nos ama, que nos ha salvado, que ha dado su vida por nosotros. Encontrar a Jesús. Y nosotros caminamos para encontrar a Jesús.

Podemos preguntarnos: ¿Cuándo encuentro a Jesús? ¿Sólo al final? ¡No, no! Lo encontramos todos los días. ¿Pero cómo? En la oración, cuando tú rezas, encuentras a Jesús. Cuando recibes la Comunión, encuentras a Jesús, en los Sacramentos.

Homilía, 1 de diciembre de 2013

REFLEXIÓN

¿Dónde estoy en mi camino al encuentro con Jesús? ¿Cómo lo encuentro hoy?

ORACIÓN

Jesús, quiero que entres más en mi vida. Ayúdame a estar alerta a las señales de tu presencia.

Encontrar al Señor con fe

Casa de Jacob, ven,
caminemos a la luz del Señor.

Isaías 2:5

El Señor [...] se maravilló de este centurión. Se maravilló de la fe que tenía. Había hecho un camino para encontrar al Señor. Pero lo había hecho con fe. Por ello no sólo encontró al Señor, sino que sintió la alegría de haber sido encontrado por el Señor. Y este es precisamente el encuentro que nosotros queremos, el encuentro de la fe. Encontrar al Señor, pero dejarnos encontrar por Él [...] En la oración al inicio de la misa hemos pedido la gracia de hacer este camino con algunas actitudes que nos ayuden. La perseverancia en la oración: rezar más. La laboriosidad en la caridad fraterna: acercarnos un poco más a quienes tienen necesidad. Y la alegría en la alabanza al Señor. Comenzamos este camino con la oración, la caridad y la alabanza, a corazón abierto, para que el Señor nos encuentre con la guardia baja, abiertos.

Meditación, 2 de diciembre de 2013

Reflexión

¿Qué puedo hacer para asegurar que la oración sea parte de mi camino diario en este Adviento?

Oración

Señor, creo en ti. ¡Ayúdame en mi incredulidad!

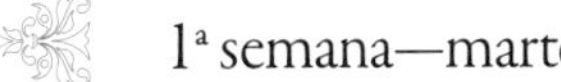

La alegría de conocer a Jesús

En aquella ocasión, con el júbilo del Espíritu Santo, [Jesús] dijo: "¡Te alabo, Padre, Señor de cielo y tierra, porque, ocultando estas cosas a los sabios y entendidos, se las diste a conocer a la gente sencilla! Sí, Padre, ésa ha sido tu elección".

Lucas 10:21

Jesús estaba lleno de alegría. Es precisamente de esta relación con el Padre en el Espíritu Santo de donde nace la alegría interior de Jesús. Esa alegría, él nos da. Y esta alegría es la verdadera paz. No es una paz estática, quieta, tranquila: la paz cristiana es una paz gozosa. No se puede pensar en una Iglesia sin alegría, porque Jesús quiso que su esposa, la Iglesia, fuera alegre. Y la alegría de la Iglesia es precisamente anunciar el nombre de Jesús [...] La paz de la que nos habla Isaías es una paz de gozo, una paz de alabanza, una paz, digamos, rumorosa en la alabanza. Una paz fecunda en la maternidad de nuevos hijos, una paz que viene precisamente de la alegría de la alabanza a la Trinidad y de la evangelización, es decir, de ir a decir a los pueblos quién es Jesús.

Meditación, 3 de diciembre de 2013

Reflexión

¿Cómo puedo irradiar a los demás la alegría que viene de Jesús?

Oración

Jesús, esta Navidad —mientras espero tu nueva venida en mi corazón— lléname con la alegría de tu presencia y ayúdame a compartirla con los demás.

El banquete del Señor

*El Señor Todopoderoso
ofrece a todos los pueblos,
en este monte,
un festín de manjares suculentos,
un festín de vinos añejados. . .*

Isaías 25:6

Además del hambre física, el hombre lleva en sí otra hambre, una hambre que no puede ser saciada con el alimento ordinario. Es hambre de vida, hambre de amor, hambre de eternidad. Y el signo del *maná* [...] contenía en sí también esta dimensión: era figura de un alimento que satisface esta profunda hambre que hay en el hombre. Jesús nos da este alimento, es más, es *Él mismo el pan vivo* que da la vida al mundo (cf. Jn 6:51). Su Cuerpo es el verdadero alimento bajo la especie del pan;

su Sangre es la verdadera bebida bajo la especie del vino. No es un simple alimento con el cual saciar nuestro cuerpo, como el maná; el Cuerpo de Cristo es el pan de los últimos tiempos, capaz de dar vida, y vida eterna, porque la esencia de este pan es el Amor. En la Eucaristía se comunica el amor del Señor por nosotros: un amor tan grande que nos nutre de sí mismo.

Homilía, 19 de junio de 2014

Reflexión

La Eucaristía, el Pan de Vida, nos da una promesa de la vida eterna. Jesús está verdaderamente presente en la Eucaristía. ¿Qué diferencia hace este misterio en mi vida?

Oración

Jesús, gracias por el regalo que nos has dado de ti mismo en la Eucaristía.

Revístanse de Jesucristo

Confíen siempre en el Señor,
porque el Señor
es la Roca perpetua.

Isaías 26:4

"Poné fe" y tu vida tendrá un sabor nuevo, la vida tendrá una brújula que te indicará la dirección; "Poné esperanza" y cada día de tu vida estará iluminado y tu horizonte no será ya oscuro, sino luminoso; "poné amor" y tu existencia será como una casa construida sobre la roca, tu camino será gozoso, porque encontrarás tantos amigos que caminan contigo. ¡Poné fe, poné esperanza, poné amor! [...] "Poné a Cristo" en tu vida. Él te espera: Escúchalo con atención y su presencia entusiasmará tu corazón. "Poné a Cristo": Él te acoge en el Sacramento del perdón, con su misericordia cura todas las heridas del pecado. No le tengas miedo a pedirle perdón, porque Él en su tanto amor nunca se cansa de perdonarnos, como un padre que nos ama.

Homilía en Copacabana, Brasil, 25 de julio de 2013

REFLEXIÓN

¿Cuáles son unas formas prácticas en que puedo "poner a Cristo" en mi vida cotidiana?

ORACIÓN

Jesús, pase lo que pase, confío en ti y en tu providencia amorosa en mi vida.

Llama a la puerta

Sin tinieblas ni oscuridad
verán los ojos de los ciegos.

Isaías 29:18

El ciego a la entrada de Jericó gritaba y los amigos del Señor querían hacerle callar. Pero ese hombre pidió una gracia al Señor y la pidió gritando, como diciendo a Jesús, "¡Hazlo! ¡Yo tengo derecho a que tú hagas esto!" El grito es aquí un signo de la oración. No lo sé, tal vez esto suena mal, pero rezar es un poco como molestar a Dios para que nos escuche. Jesús nos dice: "¡pedid!" Pero también nos dice: "¡llamad a la puerta!" Y quien llama a la puerta hace ruido, incomoda, molesta [...] Éste es también el modo de oración de los necesitados que vemos en el Evangelio. Así, los ciegos se sienten seguros de pedir al Señor la salud, de tal manera que el Señor pregunta:

"¿Creés que yo puedo hacer esto?" Y le responden: "Sí, Señor. ¡Creemos! ¡Estamos seguros!"

Meditación, 6 de diciembre de 2013

REFLEXIÓN

¿Creo firmemente que Dios escuchará y contestará mis oraciones? ¿Permito que Dios me cambie el corazón para que mis peticiones sean más conformadas a los deseos de Él?

ORACIÓN

Jesús ilumina mi corazón. Ayúdame a creer que, cuando oro, aunque no reciba lo que quiero, recibo exactamente lo que necesito.

Palabra y luz

"Y de camino proclamen que el reino de los cielos está cerca".

Mateo 10:7

Quien se ha abierto al amor de Dios, ha escuchado su voz y ha recibido su luz, no puede retener este don para sí. La fe, puesto que es escucha y visión, se transmite también como palabra y luz. El apóstol Pablo usa precisamente estas dos imágenes. Por una parte dice: "Pero teniendo el mismo espíritu de fe, según lo que está escrito: *Creí, por eso hablé,* también nosotros creemos y por eso hablamos" (2 Cor 4:13). La palabra recibida se convierte en respuesta, confesión y, de este modo, resuena para los otros, invitándolos a creer. Por otra parte, san Pablo se refiere también a la luz: "Reflejamos la gloria del Señor y nos vamos transformando en su imagen" (2 Cor 3:18).

Lumen Fidei #37

Reflexión

¿Cómo puedo hablar de una manera que refleja la luz de la fe? ¿Sé proclamar la Buena Nueva sin palabras?

Oración

Jesús, eres la luz del mundo. Ayúdame a pensar, hablar y actuar en maneras que difundan tu amor y tu luz.

La Inmaculada Concepción de María

¡Bendito sea Dios, Padre de nuestro Señor Jesucristo!,
  quien por medio de Cristo
nos bendijo con toda clase de bendiciones espirituales
  del cielo.

Efesios 1:3

Ante el amor, ante la misericordia, ante la gracia divina derramada en nuestro corazón, la consecuencia que se impone es una sola: la *gratuidad*. Ninguno de nosotros puede comprar la salvación. La salvación es un don gratuito del Señor[...] Como hemos recibido gratuitamente, así gratuitamente estamos llamados a dar (cf. Mt 10:8); a imitación de María, que, inmediatamente después de acoger el anuncio del ángel, fue a compartir el don de la fecundidad con la pariente Isabel. Porque, si todo se nos ha dado, todo se debe devolver. ¿De qué modo? Dejando que el Espíritu Santo haga de nosotros un don para los demás. El Espíritu es don para nosotros y nosotros, con la fuerza del Espíritu, debemos ser don para los demás y dejar que el Espíritu Santo nos convierta en instrumentos de acogida, instrumentos de reconciliación e instrumentos de perdón.

Ángelus, 8 de diciembre de 2014

REFLEXIÓN

María fue elegida para un papel especial, en el plan de Dios, de salvar al mundo. Por mi Bautizo, también he sido elegido. ¿Cuál es mi papel, y cómo lo he cumplido hasta hoy?

ORACIÓN

María, Madre mía, ruega que yo pueda corresponder a la gracia de Dios como lo hiciste tú. Ayúdame a decir "sí" a la invitación de Dios, a ser apóstol.

2ª SEMANA

Dios nos consuela

El fuego de la esperanza

Aquí está su Dios.
Miren,
el Señor Dios llega con poder. . .

Isaías 40:9–10

Hoy se necesitan personas que sean testigos de la misericordia y de la ternura del Señor, que sacude a los resignados, reanima a los desanimados. Él enciende el fuego de la esperanza. ¡Él enciende el fuego de la esperanza! No nosotros. Muchas situaciones requieren nuestro testimonio de consolación. Ser personas gozosas, que consuelan. Pienso en quienes están oprimidos por sufrimientos, injusticias y abusos; en quienes son esclavos del dinero, del poder, del éxito, de la mundanidad [...] Tienen consolaciones maquilladas, no la verdadera consolación del Señor. Todos estamos llamados a consolar a nuestros hermanos, testimoniando que sólo Dios puede eliminar las causas de los dramas existenciales y espirituales. ¡Él puede hacerlo! ¡Es poderoso!

Ángelus, 7 de diciembre de 2014

Reflexión

¿En mi vida, cómo puedo consolar a las personas que están sufriendo?

Oración

Espíritu Santo, eres el Consolador, permanece conmigo y con los que hoy más necesitan tu consuelo.

El amor misericordioso de Jesús

"Tus pecados te son perdonados".

Lucas 5:20

Cuando yo voy a confesarme es para sanarme, curar mi alma, sanar el corazón y de ser curado de algo que no fue bien hecho [...] Y esto lo hemos sentido todos en el corazón cuando vamos a confesarnos, con un peso en el alma, un poco de tristeza; y cuando recibimos el perdón de Jesús estamos en paz, con esa paz del alma tan bella que sólo Jesús puede dar, sólo Él [...] Uno, cuando termina la Confesión sale libre, grande, hermoso, perdonado, blanco, feliz. ¡Esto es lo hermoso de la Confesión! Quisiera preguntarles: ¿cuándo fue la última vez que te confesaste? [...] Y si pasó mucho tiempo, no pierdas un día más, ve, que el sacerdote será bueno. Jesús está allí, y

Jesús es más bueno que los sacerdotes, Jesús te recibe, te recibe con mucho amor.

Audiencia General, 19 de febrero de 2014

Reflexión

En el sacramento de la Reconciliación recibimos, no solamente perdón por los pecados sino también, las gracias especiales que necesitamos para evitar el pecado en el futuro. ¿Cómo puedo aprovechar mejor esta oportunidad maravillosa?

Oración

Jesús, confío en tu misericordia y amor.

El Señor consuela a su pueblo

Consuelen,
consuelen a mi pueblo,
dice su Dios.

Isaías 40:1

El Señor nos consuela con ternura. El Señor, el gran Dios, no tiene miedo de la ternura. Él se hace ternura, se hace niño, se hace pequeño. En el Evangelio Jesús mismo lo dice: "no es voluntad de su Padre que está en el cielo que se pierda ni uno de estos pequeños" (Mt 18:14). Cada uno de nosotros es muy, muy importante para el Señor.

Jesús consoló a los discípulos, se acercó para darles consuelo, se acercó para darles esperanza, se acercó con ternura. Pensemos en la ternura que tuvo con los apóstoles, con la Magdalena, con los de Emaús [...] Debemos pedir la gracia al Señor de no tener miedo a la consolación del Señor, de estar abiertos, pedirla, buscarla porque es un consuelo que nos dará esperanza y nos hará sentir la ternura de Dios Padre.

Meditación, 10 de diciembre de 2013

Reflexión

Si mi vida ha sido pesada, ¿cómo puedo volver al Señor para recibir su consolación?

Oración

Gracias, Señor, por la ternura y amor que me has dado. Ayúdame a seguir adelante a pesar de las pruebas de la vida, y a confiar en ti con gran esperanza.

Consuela a los demás

Pero los que esperan en el Señor
renuevan sus fuerzas,
echan alas como las águilas
corren sin cansarse,
marchan sin fatigarse.

Isaías 40:31

Jesús promete dar alivio a todos, pero nos hace también una invitación, que es como un mandamiento: "Carguen con mi yugo y aprendan de mí, que soy manso y humilde de corazón" (Mt 11:29). El "yugo" del Señor consiste en cargar con el peso de los demás con amor fraternal. Una vez recibido el alivio y el consuelo de Cristo, estamos llamados a su vez a convertirnos en descanso y consuelo para los hermanos, con actitud mansa y humilde, a imitación del Maestro. La mansedumbre y la humildad del corazón nos ayudan no sólo a cargar con el peso de los demás, sino también a no cargar sobre ellos nuestros puntos de vista personales, y nuestros juicios, nuestras críticas o nuestra indiferencia. Invoquemos a María Santísima, que acoge bajo su manto a todas las personas cansadas y agobiadas.

Ángelus, 6 de julio de 2014

Reflexión

¿Cómo puedo dar consuelo a los demás este Adviento, especialmente a los pobres y los necesitados?

Oración

Jesús, nos dijiste que todo lo que hacemos a los demás, lo hacemos a ti mismo. Ayúdame a verte en los pobres y asistirlos de la manera que puedo.

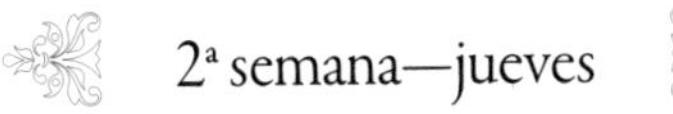

La belleza del silencio

"El que tenga oídos que escuche".

Mateo 11:15

Siempre me ha impresionado el encuentro del Señor con Elías, cuando el Señor habló con Elías. Estaba en el monte, y cuando lo vio pasar el Señor no estaba en el granizo, en la lluvia, en la tormenta, en el viento [...] El Señor se encontraba en una brisa suave (cf. 1 Re 19:11–13). Ésta es la música del lenguaje del Señor. Nosotros, preparándonos para la Navidad, tenemos que escucharla. Nos hará bien, mucho bien. Por lo general, la Navidad es una fiesta con mucho ruido. Nos hará bien un poco de silencio, para oír estas palabras de amor, de tanta cercanía, estas palabras de ternura.

Debemos hacer silencio en este tiempo porque, como dice el prefacio, estamos en vigilante espera.

Meditación, 12 de diciembre de 2013

Reflexión

En la fiebre de las preparaciones navideñas, ¿cómo puedo encontrar tiempo y espacio para estar silente y escuchar las palabras de amor del Señor?

Oración

Jesús, no dejes que me pierda en la compra de regalos para los demás y que se me olvide preparar mi corazón a recibir el regalo más grande: ¡Tú!

La luz de la fe

Yo, el Señor, tu Dios,
te enseño para tu provecho...

Isaías 48:17

Es urgente recuperar el carácter luminoso propio de la fe, pues cuando su llama se apaga, todas las otras luces acaban languideciendo. Y es que la característica propia de la luz de la fe es la capacidad de iluminar *toda* la existencia del hombre. Porque una luz tan potente no puede provenir de nosotros mismos; ha de venir de una fuente más primordial, tiene que venir, en definitiva, de Dios. La fe nace del encuentro con el Dios vivo, que nos llama y nos revela su amor, un amor que nos precede y en el que nos podemos apoyar para estar seguros y construir la vida. Transformados por este amor, recibimos ojos nuevos, experimentamos que en él hay una gran promesa de plenitud y se nos abre la mirada al futuro. La fe, que recibimos de Dios como don sobrenatural, se presenta como luz en el sendero, que orienta nuestro camino en el tiempo.

Lumen Fidei, #4

REFLEXIÓN

¿Mi fe afecta como veo la vida y sus eventos? ¿Cómo puedo crecer en fe para que haga una diferencia más grande en mi vida?

ORACIÓN

Jesús, gracias por el don de la fe y la luz que ella trae a los problemas de la vida. Haz que mi fe sea una lámpara encendida para guiarme más cerca de ti.

Cuando la promesa parece lejana

Y nunca nos alejaremos de ti. . .

Salmo 80:19

La etapa más difícil de Juan [Bautista], porque el Señor tenía un estilo que él no había imaginado, [era que] sufrió no sólo la oscuridad de la celda, sino la oscuridad de su corazón. Las dudas le asaltaron: "Pero ¿será éste? ¿No me habré equivocado?" A tal grado que pide a los discípulos que vayan a Jesús para preguntarle: "Pero, ¿eres tú verdaderamente, o tenemos que esperar a otro?" [...] La humillación de Juan es doble: la humillación de su muerte, como precio de un capricho; y también la humillación de no poder vislumbrar la historia de salvación: la humillación de la oscuridad del alma. Ahora [Juan] ve a Jesús lejano. Esa promesa se alejó. Y acaba solo, en la oscuridad, en la humillación [...] para que el Señor creciera.

Meditación, 24 de junio de 2014

REFLEXIÓN

A veces la promesa de Cristo parece lejos y se hace fácil preguntar: ¿Qué diferencia hará de verdad? Cuando eso pasa, es de gran ayuda pensar en la vez que la presencia de Dios me levantó.

ORACIÓN

Aunque tu promesa parece lejos, Jesús, yo confío que me traerás las gracias y dones que anhelo.

3ª SEMANA

Esperanza en el Señor

Jesús mismo es nuestra alegría

*Tengan siempre la alegría del Señor; lo repito, estén
alegres.*

Filipenses 4:4

El corazón del hombre desea la alegría. Todos
deseamos la alegría, cada familia, cada pueblo aspira
a la felicidad. ¿Pero cuál es la alegría que el cristiano está
llamado a vivir y testimoniar? Es la que viene de la *cercanía de Dios*, de su *presencia* en nuestra vida. Desde que
Jesús entró en la historia, con su nacimiento en Belén, la
humanidad recibió un brote del reino de Dios, como un
terreno que recibe la semilla, promesa de la cosecha
futura. ¡Ya no es necesario buscar en otro sitio! Jesús vino
a traer la alegría a todos y para siempre. No se trata de
una alegría que sólo se puede esperar o postergar para el
momento que llegue el paraíso: aquí en la tierra estamos

tristes pero en el paraíso estaremos alegres. ¡No! No es esta, sino una alegría que ya es real y posible de experimentar ahora, porque *Jesús mismo es nuestra alegría*, y con Jesús la alegría está en casa.

Ángelus, 14 de diciembre de 2014

Reflexión

¿Cómo puedo reflejar a los demás la alegría que trae Jesús?

Oración

Lléname con alegría, Señor, que yo sea más capaz de alabar y glorificar tu nombre.

Las promesas de Dios

"Oráculo de Balaán, hijo de Beor [...]
Oráculo del que escucha palabras de Dios".

Números 24:3–4

Éste es el profeta: un hombre que tiene los ojos penetrantes y que escucha y dice las palabras de Dios; que sabe ver en el momento e ir hacia el futuro. Pero antes ha escuchado, ha oído, la Palabra de Dios. El profeta tiene dentro de sí estos tres momentos. El pasado: el profeta es consciente de la promesa y tiene en su corazón la promesa de Dios, la promesa está viva, la recuerda, la repite. Pero luego mira al presente, mira a su pueblo y siente la fuerza del espíritu para decir una palabra que le ayude a levantarse, a seguir el camino hacia el futuro. El profeta es un hombre de tres tiempos: promesa del pasado, contemplación del presente [y el de] valentía para indicar el camino hacia el futuro.

Reflexión

Una promesa está llena con la esperanza de ser realizada. ¿Cómo esta esperanza en las promesas de Dios enriquece mi vida cotidiana?

Oración

Jesús, dame una esperanza fuerte que nunca se atenúe, aun en tiempos de oscuridad.

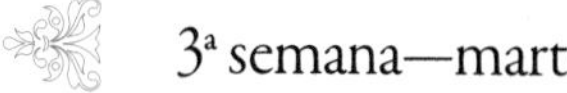

Confía en el Señor

Dejaré en ti un pueblo pobre y humilde. . .

Sofonías 3:12

Las tres características del pueblo fiel de Dios son humildad, pobreza y confianza en el Señor. Y es precisamente esta la senda de la salvación [...] Cada uno de nosotros podemos decir: "Señor te entrego mis pecados, la única cosa que puedo ofrecerte". Cuando nosotros seamos capaces de decir al Señor: "Señor, estos son mis pecados, no son los de este o los de aquel [...] son los míos. Tómalos tú. Así estaré salvado", entonces seremos ese hermoso pueblo, "pueblo humilde y pobre" que confía en el nombre del Señor.

Meditación, 16 de diciembre de 2014

Reflexión

En ciertos momentos la realidad de nuestros pecados nos hace temblar. ¿Cómo podríamos compensar por ellos? No podemos. Pero Jesús sí puede. Por eso vino a ser nuestro Salvador.

Oración

Señor Jesús, confío en ti como mi Salvador. No quiero ni ignorar mis pecados, ni desesperarme por ellos. ¡En ti espero!

Traer a la gente a Jesucristo

"Nos ha enviado a preguntarte si eres tú el que había de venir o si tenemos que esperar a otro. . ."

Lucas 7:20

Todos nosotros bautizados, hijos de la Iglesia, estamos llamados a acoger siempre de nuevo la presencia de Dios en medio de nosotros y ayudar a los demás a descubrirla, o a redescubrirla si la olvidaron. Se trata de una misión hermosa, semejante a la de Juan el Bautista: orientar a la gente a Cristo —¡no a nosotros mismos!— porque Él es la meta a quien tiende el corazón del hombre cuando busca la alegría y la felicidad. Jesús es la Palabra de Dios que hoy sigue iluminando el camino del hombre; sus gestos —los sacramentos— son la manifestación de la ternura, del consuelo y del amor del Padre hacia cada ser humano.

Ángelus, 14 de diciembre de 2014

Reflexión

Juan el Bautista pidió aseguramiento de que Jesús era verdaderamente el Mesías. Jesús le indicó la evidencia: "Los ciegos recobren la vista, los sordos oyen…" En ocasiones, Dios trabaja en nuestras vidas en maneras dramáticas y no nos damos cuenta de su acción; otras veces es más difícil percibir lo que está haciendo. Si conozco a alguien desesperado, ¿cómo puedo ayudar a esa persona a ver lo que Dios está haciendo en su vida?

Oración

Jesús, abre mis ojos y mis oídos, que yo pueda ver y oír. Ayúdame a enfocarme en ti, para que yo lleve a los demás la alegría del Evangelio.

La misericordia de Dios

No te retiraré mi lealtad [...]
dice el Señor, que te quiere.

Isaías 54:10

La llamada de Jesús nos impulsa, a cada uno de nosotros, a no detenerse jamás en la superficie de las cosas, sobre todo cuando estamos ante una persona. Somos llamados a mirar más allá, *a centrarnos en el corazón* para ver de cuánta generosidad es capaz cada persona. Nadie puede ser excluido de la misericordia de Dios. Todos conocen el camino para acceder a ella. La Iglesia es la *casa que acoge a todos y no rechaza a nadie.* Sus puertas permanecen abiertas, de par en par, para que quienes son tocados por la gracia puedan encontrar la certeza del perdón. Cuanto más grande es el pecado, mayor debe ser el amor que la Iglesia expresa hacia quienes se convierten. ¡Con cuánto amor nos mira Jesús! ¡Con cuánto amor cura nuestro corazón pecador!

REFLEXIÓN

¿He permitido que Jesús entre a mi corazón para que sane mis heridas?

ORACIÓN

Jesús, confío en ti. Por favor, entra a mi corazón y llénalo con tu amor.

La fe ilumina nuestro camino

Él dio testimonio de la verdad.

Juan 5:33

En la fe, don de Dios, virtud sobrenatural infusa por él, reconocemos que se nos ha dado un gran Amor, que se nos ha dirigido una Palabra buena, y que, si acogemos esta Palabra, que es Jesucristo, Palabra encarnada, el Espíritu Santo nos transforma, ilumina nuestro camino hacia el futuro, y da alas a nuestra esperanza para recorrerlo con alegría. Fe, esperanza y caridad, en admirable urdimbre, constituyen el dinamismo de la existencia cristiana hacia la comunión plena con Dios.

Lumen Fidei, #7

Reflexión

El Espíritu Santo nos manda inspiraciones para ayudarnos a seguir mejor a Jesús. ¿Cómo he respondido?

Oración

Espíritu Santo, ven a mi corazón, y transfórmalo para que yo acoge siempre la Palabra de Dios.

4ª SEMANA

El Señor está cerca

Reconoce el tiempo de Dios

"No temas, María, que gozas del favor de Dios".

Lucas 1:30

La Madre de Cristo [sabía cómo] *reconocer el tiempo de Dios*. María es aquella que hizo posible la encarnación del Hijo de Dios [...] gracias precisamente a su "sí" humilde y valiente. María nos enseña a captar el momento favorable en el que Jesús pasa por nuestra vida y pide una respuesta disponible y generosa. Y Jesús pasa. En efecto, el misterio del nacimiento de Jesús en Belén, que tuvo lugar históricamente hace más de dos mil años, se realiza, como acontecimiento espiritual, en el "hoy" de la liturgia. El Verbo, que encontró una morada en el seno virginal de María, en la celebración de la Navidad viene a llamar nuevamente al corazón de cada cristiano [...]

Cada uno de nosotros está llamado a responder, como María, con un "sí" personal y sincero, poniéndose plenamente a disposición de Dios y de su misericordia, de su amor.

Ángelus, 21 de diciembre de 2014

Reflexión

¿Soy como María, siempre listo a abrir la puerta de mi corazón cuando Jesús llama?

Oración

Jesús, ¡quiero acogerte en mi corazón!

Dios hace historia con nosotros

Genealogía de Jesucristo, hijo de David,
hijo de Abrahán. . .

Mateo 1:1

El Señor tuvo esta idea: hacer camino con nosotros. Llamó a Abrahán [...] y le invitó a caminar. Y Abrahán comenzó ese camino: generó a Isaac, e Isaac a Jacob, y Jacob a Judá [...] Dios camina con su pueblo porque no quiso venir a salvarnos sin historia; Él quiso hacer historia con nosotros.

Una historia hecha de santidad y de pecado, porque en la lista de la genealogía de Jesús hay santos y pecadores. Entre los primeros Abrahán y David, que tras el pecado se convirtió. Pecadores de alto nivel, que cometieron pecados grandes, pero con quienes Dios igualmente hizo historia. Y esto es hermoso: Dios hace historia con nosotros.

Meditación, 17 de diciembre de 2013

REFLEXIÓN

Reflejando en mi historia personal con Dios, ¿qué puedo aprender del amor que Él tiene para mí?

ORACIÓN

Señor, te doy gracias y te alabo por todas las maneras maravillosas que has operado en mi vida.

Dios nos ayuda en nuestras tribulaciones

Cuando José se despertó del sueño, hizo lo que el ángel del Señor le había ordenado. . .

Mateo 1:24

José en el peor momento de su vida, en el momento más oscuro, carga sobre sí el problema. Hasta acusarse a sí mismo ante los ojos de los demás para proteger a su esposa. José tomó consigo a su esposa diciendo: "No entiendo nada, pero el Señor me dijo esto y este aparecerá como mi hijo". Dios nos prueba, Dios nos salva en los momentos más feos, porque es nuestro Padre. Es más [...] es nuestro papá. Que el Señor nos haga entender este misterio de su caminar con su pueblo en la historia.

Meditación, 18 de diciembre de 2014

REFLEXIÓN

Cuando me encuentro con pruebas, ¿confío que Dios me ayudará? ¿Cómo me puedo encomendar más al Señor?

ORACIÓN

A veces no entiendo por qué pasan ciertas cosas en mi vida. Ayúdame, Señor, a ponerme en tus manos con toda confianza.

La nueva creación

Tú eres mi esperanza, Señor mío, y mi confianza [...]
¡A ti la alabanza continua!

Salmo 71:5–6

El Señor es capaz de volver a comenzar una nueva descendencia, una nueva vida: este es el mensaje de hoy. Cuando la humanidad está extenuada, ya no puede seguir adelante, llega la gracia y llega el Hijo, y llega la salvación. Y, así, esa creación extenuada deja lugar a la nueva creación, podríamos llamarla "re-creación". El milagro de la creación, tan maravilloso, deja lugar a un milagro aún más maravilloso: la re-creación, come dice la oración de la misa: "Tú Señor que maravillosamente creaste el mundo, y más maravillosamente lo recreaste" [...] Esperamos la novedad de Dios. Esta es, por lo demás, la Navidad: la novedad de Dios que vuelve a hacer de un modo más maravilloso la creación, todas las cosas.

Meditación, 19 de diciembre de 2014

Reflexión

¿De cuáles maneras ha estado Dios recreando mi vida? Si a veces la vida me deja agotado, ¿cómo puedo refrescarme y encontrar paz?

Oración

Jesús, tu dijiste que si cargamos contigo el yugo, encontraríamos descanso y paz. Ayúdame a buscar la paz que prometes, para poder recibirte esta Navidad con un corazón lleno de amor.

La fe de María

Respondió María:
"Yo soy la esclava del Señor: que se cumpla en mí
tu palabra".

Lucas 1:38

La actitud de María de Nazaret nos muestra que el *ser* está antes del *hacer*, y que es necesario *dejar hacer* a Dios para *ser* verdaderamente como Él nos quiere. Es Él quien hace en nosotros muchas maravillas. María fue receptiva, pero no pasiva. Como, a nivel físico, recibió el poder del Espíritu Santo para luego dar carne y sangre al Hijo de Dios que se formó en ella, así, a nivel espiritual, acogió la gracia y correspondió a la misma con la fe. Por ello san Agustín afirma que la Virgen "concibió primero en su corazón que en su seno" (Discursos, 215, 4).

Ángelus, 8 de diciembre de 2014

REFLEXIÓN

¿Cómo es mi fe? ¿Cómo puede el ejemplo de María inspirarme en mi seguimiento al Señor?

ORACIÓN

María, madre amorosa, nunca te apartas de las personas que te buscan. Presenta mis peticiones a tu Hijo, Jesús, y pídele que me escuche.

El camino de fe de María

Entonces María se levantó y se dirigió apresuradamente a la serranía, a un pueblo de Judea.

Lucas 1:39

Sentimos viva también en medio de nosotros la presencia espiritual de la Virgen María. Una presencia maternal, familiar [...] El amor a la Virgen es una de las características de la piedad popular, que pide ser valorada y bien orientada. Por ello, los invito a meditar el último capítulo de la constitución del Concilio Vaticano II sobre la Iglesia, *Lumen gentium*, que habla precisamente de María en el misterio de Cristo y de la Iglesia. Allí se dice que María "avanzó en la peregrinación de la fe" (58). Queridos amigos [...] les dejo este ícono de María peregrina, que sigue al Hijo Jesús y nos precede a todos nosotros en el camino de la fe.

REFLEXIÓN

¿Cómo sigue mi camino de fe? ¿Cómo puedo invitar a María que me ayude como ella ayudó a Isabel?

ORACIÓN

María, Madre mía, confío en tu intercesión cariñosa para mí. Preséntale a Jesús mis necesidades, y las del mundo entero.

Nuestro cántico de esperanza

"Socorre a Israel, su siervo. . ."

Lucas 1:54

Esperanza es la virtud del que experimentando el conflicto, la lucha cotidiana entre la vida y la muerte, entre el bien y el mal, cree en la resurrección de Cristo, en la victoria del amor. Hemos escuchado el Canto de María, el *Magnificat* es el cántico de la esperanza, el cántico del Pueblo de Dios que camina en la historia. Es el cántico de tantos [quienes] han afrontado la lucha por la vida llevando en el corazón la esperanza de los pequeños y humildes [...] No se dejen robar la esperanza. Que no nos roben la esperanza, porque esta fuerza es una gracia, un don de Dios que nos hace avanzar mirando al cielo. Y María está siempre allí, cercana a esas comunidades, a esos hermanos nuestros, camina con ellos, sufre con ellos, y canta con ellos el *Magnificat* de la esperanza.

Homilía, 15 de agosto de 2013

REFLEXIÓN

El Adviento es un tiempo de esperanza. Si me he sentido desesperado o deprimido recientemente, ¿cómo puede ayudarme María en las dificultades?

ORACIÓN

Ruega por mí, María, y por todas las personas preocupadas, que durante los tiempos difíciles de la vida la venida del Salvador nos dé esperanza.

23 de diciembre

¡El Señor está cerca!

De pronto entrará en el santuario el Señor que buscan...

Malaquías 3:1

Con la Virgen y con la madre Iglesia nos hará bien repetir hoy en oración estas invocaciones: "oh Sabiduría, oh Llave de David, oh Rey de las Naciones, ven, ven". Y será un bien repetirlo muchas veces. Es una oración que se convierte en examen de conciencia, para verificar cómo es nuestra alma y hacer que no sea un alma que diga a los demás que no le molesten, sino más bien un alma abierta, un alma grande para recibir al Señor [...] Un alma que comienza a sentir lo que mañana en la antífona nos dirá la Iglesia: Hoy sabrás que vendrá el Señor, y mañana verás su gloria.

Meditación, 23 de diciembre de 2013

Nuestro camino del Adviento está por culminar. Mientras hago las últimas preparaciones, ¿cómo puedo hacer tiempo para el Señor? ¿Cuánto tiempo hace que me confesé? Si no me he confesado recientemente, éste es un tiempo oportuno.

ORACIÓN

Señor Jesús, espero tu venida graciosa esta Navidad. ¡Ayúdame a acogerte con alegría!

¡Oh Emanuel, ven a librarnos!

*Nos ha dado un poderoso Salvador
en la Casa de David, su siervo.*

Lucas 1:69

La gracia que ha aparecido en el mundo es Jesús, Dios y hombre verdadero, nacido de María Virgen. Ha venido a nuestra historia, ha compartido nuestro camino. Ha venido para librarnos de las tinieblas y darnos la luz. En Él ha aparecido la gracia, la misericordia y la ternura del Padre: Jesús es el Amor hecho carne. No es solamente un maestro de sabiduría, no es un ideal al que tendemos y del que nos sabemos por fuerza distantes. Él es el sentido de la vida y de la historia que ha puesto su tienda entre nosotros.

Homilía, 24 de diciembre de 2013, Misa de medianoche

Reflexión

Nuestro camino de Adviento se ha acabado. Mañana la alegría del nacimiento de Cristo iluminará el mundo. ¿Cómo lo acogeré?

Oración

¡Jesús, ayúdame a regocijarme en tu nacimiento! Gracias por venir al mundo como nuestro Salvador.

APÉNDICE I

Dios está con nosotros

La humildad de Dios

El pueblo que caminaba a oscuras vio una luz intensa. . .

Isaías 9:1

La profecía de Isaías anuncia la aparición de una gran luz que disipa la oscuridad. Esa luz nació en Belén y fue recibida por las manos tiernas de María, por el cariño de José, por el asombro de los pastores [...] "Esto les servirá de señal: encontrarán un niño envuelto en pañales y acostado en un pesebre" (Lc 2:12). La "señal" es precisamente la humildad de Dios, la humildad de Dios llevada hasta el extremo es el amor con el que, aquella noche, asumió nuestra fragilidad, nuestros sufrimientos, nuestras angustias, nuestros anhelos y nuestras limitaciones. El mensaje que todos esperaban, que buscaban en lo más profundo de su alma, no era otro que la ternura de Dios: Dios que nos mira con ojos llenos de afecto, que acepta nuestra miseria: Dios enamorado de nuestra pequeñez.

Homilía, 24 de diciembre de 2014

Reflexión

Cada Navidad Jesús viene en humildad otra vez, por gracia a nuestros corazones. ¿Cómo se acerca Jesús a mí, hoy?

Oración

Señor Jesús, mientras te miro fijamente en el pesebre, me lleno de asombro al ver el amor que tienes para cada uno de nosotros. Ayúdame a recibir tu amor y transmitirlo a los demás.

Paz y alegría en la vida familiar

Por tanto, como elegidos de Dios, consagrados y amados, revístanse de sentimientos de profunda compasión, de amabilidad, de humildad, de mansedumbre, de paciencia...

Colosenses 3:12

Hoy, nuestra mirada a la Sagrada Familia se deja atraer también por la sencillez de la vida que ella lleva en Nazaret. Es un ejemplo que hace mucho bien a nuestras familias, les ayuda a convertirse cada vez más en una comunidad de amor y de reconciliación, donde se experimenta la ternura, la ayuda mutua y el perdón recíproco. Recordemos las tres palabras clave para vivir en paz y alegría en la familia: "permiso", "gracias", "perdón". Cuando en una familia no se es entrometido y se pide "permiso", cuando en una familia no se es egoísta y se aprende a decir "gracias", y cuando en una familia uno se da cuenta que hizo algo malo y sabe pedir "perdón", en esa familia hay paz y alegría.

Ángelus, 29 de diciembre de 2013

REFLEXIÓN

Cada familia tiene sus luchas y dificultades. ¿Cómo las aguanto? ¿Cómo puedo actuar con más amor por todos los miembros de mi familia?

ORACIÓN

Jesús, cuando viniste a habitar entre nosotros lo hiciste como parte de una familia. Ayúdame a imitar tu ejemplo de amor fiel y misericordia para todos, pero especialmente hacia mi familia.

Madre e Hijo

Pero María conservaba y meditaba todo en su corazón.

Lucas 2:19

Además de contemplar el rostro de Dios, también podemos alabarlo y glorificarlo como los pastores, que volvieron de Belén con un canto de acción de gracias después de ver al niño y a su joven madre (cf. Lc 2:16). Ambos estaban juntos, como lo estuvieron en el Calvario, porque *Cristo y su Madre son inseparables*: entre ellos hay una estrecha relación, como la hay entre cada niño y su madre. La carne de Cristo, que es el eje de la salvación (Tertuliano), se ha tejido en el vientre de María (cf. Sal 139:13). Esa inseparabilidad encuentra también su expresión en el hecho de que María, elegida para ser la

Madre del Redentor, ha compartido íntimamente toda su misión, permaneciendo junto a su hijo hasta el final, en el Calvario.

Homilía, 1 de enero de 2015

REFLEXIÓN

Cuando los pastores buscaban a Jesús lo encontraron con María, su madre. Es lo mismo hoy día. Los que encuentren a María encontrarán a Jesús, porque el papel de ella es dirigirnos a él.

ORACIÓN

María, madre mía, guíame a un conocimiento y a un amor más profundo por tu hijo, Jesús.

Los reyes magos y la estrella

Al ver la estrella se llenaron de una inmensa alegría.

Mateo 2:10

El ejemplo [de los magos] nos anima a levantar los ojos a la estrella y a seguir los grandes deseos de nuestro corazón. Nos enseñan a no contentarnos con una vida mediocre, de "poco calado", sino a dejarnos fascinar siempre por la bondad, la verdad, la belleza [...] por Dios, que es todo eso en modo siempre mayor. Y nos enseñan a no dejarnos engañar por las apariencias, por aquello que para el mundo es grande, sabio, poderoso [...] Es muy importante, en este tiempo, proteger la fe. Tenemos que ir más allá [...] hacia Belén, allí donde en la sencillez de una casa de la periferia [...] resplandece el Sol que nace de lo alto, el Rey del universo. A ejemplo de los

Magos, con nuestras pequeñas luces busquemos la Luz y protejamos la fe.

REFLEXIÓN

¿Cuál "estrella" busco más en mi vida? ¿Es Jesús la estrella guía que busco siempre?

ORACIÓN

Jesús, gracias por venir al mundo para salvarnos del pecado. Quiero seguirte y modelar mi vida en la tuya. Dame la gracia de ser tu discípulo fiel.

APÉNDICE II

Oraciones del Papa Francisco

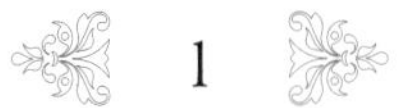

1

ORACIÓN A LA INMACULADA

Virgen Santa e Inmaculada,
a ti, que eres el orgullo de nuestro pueblo
y el amparo maternal de nuestra ciudad,
nos acogemos con confianza y amor.

Eres toda belleza, María.
En ti no hay mancha de pecado.
Renueva en nosotros el deseo de ser santos:
que en nuestras palabras resplandezca la verdad,
que nuestras obras sean un canto a la caridad,
que en nuestro cuerpo y en nuestro corazón brillen
    la pureza y la castidad,
que en nuestra vida se refleje el esplendor del
    Evangelio.

Eres toda belleza, María.
En ti se hizo carne la Palabra de Dios.
Ayúdanos a estar siempre atentos a la voz del Señor:
que no seamos sordos al grito de los pobres,
que el sufrimiento de los enfermos y de los oprimi-
    dos no nos encuentre distraídos,

que la soledad de los ancianos y la indefensión de
los niños no nos dejen indiferentes,
que amemos y respetemos siempre la vida humana.

Eres toda belleza, María.
En ti vemos la alegría completa de la vida dichosa
con Dios.
Haz que nunca perdamos el rumbo en este mundo:
que la luz de la fe ilumine nuestra vida,
que la fuerza consoladora de la esperanza dirija
nuestros pasos,
que el ardor entusiasta del amor inflame nuestro
corazón,
que nuestros ojos estén fijos en el Señor, fuente de la
verdadera alegría.

Eres toda belleza, María.
Escucha nuestra oración, atiende a nuestra súplica:
que el amor misericordioso de Dios en Jesús nos
seduzca,
que la belleza divina nos salve, a nosotros, a nuestra
ciudad y al mundo entero. Amén.

*Solemnidad de la Inmaculada Concepción
de María, 8 de diciembre de 2013*

2

Oración a la Sagrada Familia

Jesús, María y José
en vosotros contemplamos el esplendor del
     verdadero amor,
a vosotros, confiados, nos dirigimos.
Santa Familia de Nazaret, haz también de nuestras
     familias lugar de comunión y cenáculo de
     oración,
auténticas escuelas del Evangelio
y pequeñas Iglesias domésticas.
Santa Familia de Nazaret, que nunca más haya en
     las familias episodios
de violencia, de cerrazón y división;
que quien haya sido herido o escandalizado
sea pronto consolado y curado.
Santa Familia de Nazaret,
ayúdanos tomar conciencia de nuevo
del carácter sagrado e inviolable de la familia,
y de su belleza en el proyecto de Dios.
Jesús, María y José, escuchad, acoged nuestra súplica.

Ángelus, 29 de diciembre de 2013

3

Oración a María, mujer de la escucha

María, mujer de la escucha, haz que se abran nuestros oídos; que sepamos escuchar la Palabra de tu hijo Jesús entre las miles de palabras de este mundo; haz que sepamos escuchar la realidad en la que vivimos, a cada persona que encontramos, especialmente a quien es pobre, necesitado, o tiene dificultades.

María, mujer de la decisión, ilumina nuestra mente y nuestro corazón, para que sepamos obedecer la palabra de tu hijo Jesús sin vacilaciones; danos la valentía de la decisión, de no dejarnos arrastrar para que otros orienten nuestra vida.

María, mujer de la acción, haz que nuestras manos y nuestros pies se muevan "deprisa" hacia los demás, para llevar la caridad y el amor de tu hijo Jesús; para llevar, como tú, la luz del Evangelio al mundo. Amén.

Oración a María al final del rezo del Santo Rosario
(Plaza de San Pedro, 31 de mayo de 2013)

4

ORACIÓN A MARÍA, MADRE DE LA IGLESIA Y MADRE DE NUESTRA FE

¡Madre, ayuda nuestra fe!

Abre nuestro oído a la Palabra, para que reconozcamos la voz de Dios y su llamada.

Aviva en nosotros el deseo de seguir sus pasos, saliendo de nuestra tierra y confiando en su promesa.

Ayúdanos a dejarnos tocar por su amor, para que podamos tocarlo en la fe.

Ayúdanos a fiarnos plenamente de él, a creer en su amor, sobre todo en los momentos de tribulación y de cruz, cuando nuestra fe es llamada a crecer y a madurar.

Siembra en nuestra fe la alegría del Resucitado.

Recuérdanos que quien cree no está nunca solo.

Enséñanos a mirar con los ojos de Jesús, para que él sea luz en nuestro camino.

Y que esta luz de la fe crezca continuamente en nosotros, hasta que llegue el día sin ocaso, que es el mismo Cristo, tu Hijo, nuestro Señor.

Oración a la conclusión de la encíclica
Lumen fidei, 29 de junio de 2013

CENTRO PAULINO DE COMUNICACIÓN, S.C.

Plaza Comercial Villa de Guadalupe
Sección 1, Local 24
C.P. 07050, Delegación Gustavo A.
Madero Ciudad de México.
Tel: (0155) 5781 5805
centropaulino@prodigy.net.mx
librería_basilica@paulinas.com.mx

NUEVO LAREDO

Av. Reforma No. 5601 Local 99
Col. Fraccionamiento Centro
Comercial Paseo Reforma
C.P. 88275 Nuevo Laredo, Tamps.
Tel: (01-867) 717-0367
paulinas_nvolaredo@hotmail.com
paulinasnuevolaredo@paulinas.com.mx

PUEBLA, PUEBLA

2 Sur No 306
Colonia Centro.
C.P. 72000, Puebla, Puebla.
Tel: (01 222) 232 36 74
libreriapaulinas@prodigy.net.mx
librería_puebla@paulinas.com.mx

LEÓN, GUANAJUATO

Hidalgo No. 146
Colonia Centro.
C.P. 37000, León, Guanajuato.
Tel: (01 477) 716 65 67
paulinasleon@prodigy.net.mx
librería_leon@paulinas.com.mx

MONTERREY, NUEVO LEÓN

Padre Mier No. 210-A Pte.
Colonia Centro.
C.P. 64000, Monterrey, Nuevo León.
Tels: (01-81) 8343-4216 y 8345-5850
librería_monterrey@paulinas.com.mx
paulinasmty_libreria@prodigy.net.mx

CIUDAD JUÁREZ, CHIHUAHUA

Av. Juárez No. 279 Nte.
Colonia Centro
C.P. 32000, Ciudad Juárez, Chihuahua.
Tel: (01-656) 612-4824
librería_juarez@paulinas.com.mx
paulinascdjuarez@gmail.com

XALAPA, VER.

Av. Ruiz Cortines No. 1388
Col. Tamborrel
C.P. 91050 Xalapa, Ver.
Tel: (01-228) 129-5153
paulinas_xalapa@hotmail.com

TIJUANA, BAJA CALIFORNIA NORTE

Av. Paseo del Centenario No. 9671
Zona Río
C.P. 22010, Tijuana, B.C.
Tels: (01-664) 684-7563 y 685-0454
librería_tijuanario@paulinas.com.mx
librería_tijuanacentro@paulinas.com.mx

BOOKS & MEDIA

Las Hijas de San Pablo tienen librerías en las siguientes localidades. También nos puede encontrar en www.pauline.org.

CALIFORNIA
3908 Sepulveda Blvd, Culver City, CA 90230 — 310-397-8676
3250 Middlefield Road, Menlo Park, CA 94025 — 650-369-4230

FLORIDA
145 S.W. 107th Avenue, Miami, FL 33174 — 305-559-6715

HAWAII
1143 Bishop Street, Honolulu, HI 96813 — 808-521-2731

ILLINOIS
172 North Michigan Avenue, Chicago, IL 60601 — 312-346-4228

LOUISIANA
4403 Veterans Memorial Blvd, Metairie, LA 70006 — 504-887-7631

MASSACHUSETTS
885 Providence Hwy, Dedham, MA 02026 — 781-326-5385

MISSOURI
9804 Watson Road, St. Louis, MO 63126 — 314-965-3512

NEW YORK
115 E. 29th Street, New York City, NY 10016 — 212-754-1110

SOUTH CAROLINA
243 King Street, Charleston, SC 29401 — 843-577-0175

TEXAS
No tenemos librería; para exhibiciones de libros en una parroquia o escuela, pónganse en contacto: 210-569-0500, o SanAntonio@paulinemedia.com o P.O. Box 761416, San Antonio, TX 78245

VIRGINIA
1025 King Street, Alexandria, VA 22314 — 703-549-3806

CANADA
3022 Dufferin Street, Toronto, ON M6B 3T5 — 416-781-9131